JN438290

諷詩調詩集 · 49

풍諷계戒집集 · 16

박진환 제67시집

지성 · 감성의 메타언어
조선문학시인선 · 385

諷詩調詩集 · 49

풍諷계戒집集 · 16

조선문학사

■ 책머리에

풍시조(諷詩調)는 비판의 미학이다.

2014년 初夏

박 진 환

박진환 제67시집 / 諷詩調詩集 · 49

풍諷계戒집集 · 16

차례

사면초가여서

미, 중 대항마로 일 앞세워 미·일 동맹 핵심축 설정
한국, 축에 끼이지 않은 게 배려일까? 열외시킨 걸까?
허긴 북 대항마로도 힘겨운데 중 견제까지면 사면초가여서

침묵도 문제

"국가 안보실은 재난 컨트롤 타워 역할을 수행한다"
"국가 안보실은 재난 컨트롤 타워가 아니다"
한 입으로 두 말 하는 것도 문제지만 아예 말을 않는 침묵도 문제

불과하거든

한·미 두 정상 북한문제 해법 "촉구한다", "하겠다"로 의지 표명선
뜻있는 자는 결국 성취한다는 말은 후한 때 쓰던 말이고
지금은 행동하지 않는 의지는 기억의 노예에 불과하거든

둘 다 못 면할 수도

G2 틈새에서 경제익은 중에서 챙기고, 안보익은 미에서 구해야 하는
시쳇말로 잘하면 대박이요 잘못하면 쪽박신세에
미운오리새끼 샌드위치 신세 둘 다 못 면할 수도

꼬리아일 밖에

OECD 36개국 중 코리아의 위치는 꼬리부분
행복지수 24위, 일자리 25위, 환경 29위, 건강 33위, 공동체상환 35위로
꼴찌 꼬리 잘라내지 못했으니 꼴자돌림 꼬리아일 밖에

보물로 내세우데

모든 여론조사 결과의 대부분은 쓰레기일 수 있다
거기다 1억이면 10%쯤 조작 가능에 방법 · 대상에 따라 가변성도
믿을게 못되는 이 쓰레기 숫자놀음을 정치판, 보물로 내세우데

초상난 날 찾아와서

미 오바마 1박 2일 국빈일정 마치고 다음 목적지로 떠나
궁금한건 선물보따리 몇 개의 국새말곤 또 없었을까
손은 갈수록 좋고 비는 올수록 좋다던데 하필 초상난 날 찾아와서

진돗개

가슴에 여울로 흐르는 강물처럼 범람하는 슬픔
노도처럼 일어서고 솟구친 채 가라앉을 줄 모르는 분노
슬픔과 분노가 이빨 돼 물고 놓아주지 않는, 말이 씌된 진돗개

과객 오바마

손님이 왔다 갔다, 들고 온 선물보다 남기고간 보따리가 더 큰
예정에는 없던 일정을 쪼개어 들렀다 가길 간청한 귀한 손님
자리를 뜰 때 가장 환영받는 불청객관 달리 보따리 풀기가 더 무서운

민초들의 아픔

세월호 수장으로 연일 뜨겁게 달궈진 불을 토하던 바보상자
불길 잡히기도 전에 또 불을 뿜는 여·야의 선거전
이래저래 불길에 화상 못 면한, 두 귀가 따가운 민초들의 아픔

개판에 개판 깔고

뿔과 뿔로 밀어붙이는 힘으로 싸우는 소싸움은 싸움답다
뿔도 없이 독설 갈아세운 이빨로 물어뜯는 이전투구의 개판
주제에 탄환보다 무섭다는 투표 방패막 얼굴에는 鎧板까지 깔고

※ 개판(鎧板) : 탄환의 관통을 막기 위해 물건의 표면에 붙인 철판이나 강철판.

피워봤자

선거를 민주주의의 꽃이라고? 웃겨, 봄이 있어야 꽃은 피는 법
술수 · 꼼수 · 속임수의 삼수, 꽁꽁 얼어붙어 삼동 못 면하고 있는데
꽃은 무슨 놈의 꽃, 피워봤자 가화 아니면 조화겠지

풍시조를 쓰며

콧물 · 재채기 · 코막힘이 앗아가버린 단잠
단잠 아닌 선잠이라도 잠을 자야 꿈을 꾸는 법인데
밤마다 잠 설쳐 불면 못 면하니 헛소리 '꿈같은 소리 하고 있네'지

길들여질 밖에

시끄럽다, 시끄럽다 하면서도 바보상자가 쏟아내는
더 잘 길들여진 익은 소음에 길들여지지 못한 채 선 조용함
목소리 큰놈이 지배하는 세상이니 익은 소음에 더 잘 길들여질 밖에

미끄러지며 건너데

속도위반 하는 계절에 뒤처져 꼴찌 못 면하는 정치판
그래도 제철인 선거철 맞았다고 토해내는 열기, 여름 앞서가며
제 버릇대로 꽁꽁 얼어붙은 정치얼음판 미끄러지며 건너데

정치 냉전시대여서

선거를 민주주의 꽃이라던가, 투표를 선거의 꽃이라던가
아무려면 어때, 꽃이란 게 상생 · 화합의 봄날이어야 피는 것을
헌데 지금은 총알보다 무서운 투표지 장전된 정치 냉전시대여서

꽃인 것을

단발의 총알, 누군가를 향해 조준 중인
만인의 과녁이 되어 총알받이가 돼야 살아남을 수 있는
선거란 총알보다 무서운 투표만이 피워낼 수 있는 꽃인 것을

배 산으로 올라가는 건 아닌지

거함 코리아호 침몰하자 선장, 변침으로 정치격랑 우회
선장은 다 그런가봐, 세월호 선장도 몰래 빠져 나가더니
문제는 민심 항로 피하려다 배 산으로 올라가는 건 아닌지

입산기호

위기 때마다 대통령 뒤로 숨는다고 언론들 일침이던데
외교불리하면 외교부 뒤로, 야당공세엔 여당 뒤로, 세월호엔 총리 뒤로
숨는다는 게 흡사 입산기호와 같은 것이어서

※ 입산기호(入山忌虎) : 산에 들어가 범을 꺼려 한다 함이니 기피할 여지가 없는 일을 피하려 한다는 뜻의 순오지(旬五志)에 나오는 말.

훤히 들여다봐서

꼭꼭 숨어라 머리카락 보일라, 꼭꼭 숨어라 뭐가 보이냐?
머리도 얼굴도 감춘 속마음에 침묵까지도 보인다
요즘 사람들 높은 안목, 아무리 꼼수부려 숨어도 훤히 들여다봐서

주인 무는 법이 있거든

한번 물었다 하면 끝내 놓아주지 말라는 진돗개 정신 주문
세월호 참사 지켜보며 날 세운 정부무능·정부부재 두 이빨에
물려도 단단히 되물렸네, 명견도 주인 무는 법이 있거든

왕왕왕

내 귀가 잘못됐나? 저놈의 개가 잘못 짖나?
세월호 참사로 아비규환, 6·25는 난리도 아니더니
울부짖는 진돗개 울음도 멍멍 아닌 왕왕왕

아들딸들 보내네

아리랑 아리랑 아라리요, 나를 버리고 가시는 님은……
아낙들 구슬픈 노랫가락 진도아리랑, 오늘은 가락마다
절규가 되고 피울음이 되어 나도 님도 아닌 아들딸들 보내네

혹여 아닐지

일찍이 충무공 왜적 수장시킨 진도 울돌목
오늘은 우리의 아들딸들 수장시킨 명골수도
성호사설 빌면 정사 잘못하면 용왕의 노여움 산다던데 혹여 아닐지

낙엽소리

갓 지난 춘삼월 뒤로한 음 사월인데
입추 · 추분 · 한로도 없이 접어든 만추
들리느니 정치바람 아닌 국민의 서릿발에 정치 낙엽지는 소리

듣는가

두 눈은 난·근시로 짝눈, 코는 알러지 비염으로 멍코
입은 삐뚤어진 이목구비 성한 곳이 없는데 어쩌자고 귀는 성해
잎 피는 음사월에 시월상달 정치 허물벗는 낙엽지는 소리 듣는가

있거든

늘씬한 뒷모습에 어! 험상궂은 얼굴에 어! 유석선생 따님이라고 어!

세 번 놀란 건 아무것도 아냐, 선거 땐 엄마, 집권하곤 아빠

불리한 땐 가렸다 유리하면 웃는 네 번 놀라키는 얼굴도 있거든

다루겠나

미·일, 한·미 정상회담 지켜보면 불신·적대감·비난으로 일관
상대에 따라 頂上이 正常을 넘어서거나 못 넘어서기 때문
핵이란 게 正常이 아닌데 아닌 正常을 어찌 頂上으로 다루겠나

마땅하거늘

세월호 사건 선장·선원·선주 탓으로 조타 선회하는 질타 일색이던데
정작 침몰한건 세월호보다 큰 거함 코리아호거든
거함 침몰시킨 선장·선원에게도 조타 아닌 질타가 마땅하거늘

충신이냐? 도피냐?

"오늘 약속이 지켜지지 않으면 여기 있는 사람 다 물러나야 한다"
세월호 사건현장에서 대통령이 한 말, 이 말 좇아 국무총리 사표제출,
이를 두고 하는 말 충신이냐? 도피냐? 다음 사표가 궁금하다

길을 막으니

여기 저기 분향소 설치, 초상도 제대로 초상이 났음이다
옛날 왕조적 국상이 이러하지 않았을까?
문상이라도 갔으면 싶은데 슬픔보다 분노가 앞서 길을 막으니

붙어있지 않았다

"책임을 묻겠다"는 나랏님 서슬에 힘없는 공무원들
전전긍긍하며 속으로 하는 말 "묻지만 마시고 질 줄도 아셔야죠"
용안불개에 부덕의 소치는 눈곱으로도 붙어있지 않았다

※ 용안불개(容顔不改) : 얼굴이 변하지 않음.

관피아가 그것

마피아란 반사회적 비밀집단을 일컫는 말로 요즘엔
국토부엔 국피아, 교육부엔 교피아, 해수부엔 해피아가 있다데
낙하산 인사의 퇴직관료 집합소의 총칭인 관피아가 그것

신문기사 1행

분노냐? 불신이냐? 부정이냐? 허탈이냐? 그 다냐?
용기일지? 혈기일지? 의일지? 지조일지? 그 다일지 모르는
신문기사 1행 '우리는 박근혜 씨의 대통령직 하야를 요구한다'

세월호가 배지

세월호 참사 비로소 박대통령 사과 밝혀
여는 진심 들어있다, 야는 내용도 형식도 미흡하다
유족들은 사과가 아니다란 반응, 사과 아니면 배? 세월호가 배지

눈 뜨고 아웅이 아니던가

세월호 인양 위해 초대형 크레인 위용 자랑하며 사고 해역에 배치
국민 혈세만 낭비하고 쓸모없이 전시효과 끝내고 철수했다니
이건 눈 감고 아웅이 아닌, 눈 뜨고 아웅이 아니던가

들어 있어서

"책임 묻겠다"만 되풀이하다 끝내 사과는 했는데
역대 사고중 그중 대형사고 문책으로 끝나나? 사과로 끝나나?
사과엔 진심 비이타민이 들어 있어야 하는데 고고자허만 들어 있어서

※ 고고자허(孤高自許) : 자기만이 고결하다고 자부함.

탓인가?

네 탓보다 내 탓 앞세우는 덕 지니면 대인
내 탓보다 네 탓 앞세우는 부덕이면 소인배
세월호 "책임 묻겠다"면 내 탓인가? 네 탓인가?

푸념이거든

덕이 아닌 힘이 지배하는 덕이 씨가 말라버린 이 일탈의 시대에
덕 타령이면 못나도 지지리 못났음이 아니던가
덕이란 게 힘없는 피지배계층 타령 겸 푸념이거든

뒤로 숨는거나 아닌지

박대통령 세월호 국무회의서 한 간접 사과 두고
국민 앞에 나서 직접 사과해야 한다고 일제히 비판
국민 앞에 안서는 기피성, 이번엔 국무회의 뒤로 숨는거나 아닌지

그런거지 뭐

어디로 숨었는지 그 당당하던 여당의 모습이 안 보인다고 한다
대통령 위기관리 두고 외무부 뒤로, 여당 뒤로 숨는다더니
무슨 술래잡기라도 하는 걸까? 허긴 정치란 게 그런거지 뭐

이유도 알 터

"당신이 대통령이어선 안 되는 이유" 청 게시판에 올라
허면 대통령이 돼야 하는 이유 따로 있다는 이치
그 이치 알았다면 돼서는 안 되는 이유도 알 터

방언이어서

진정으로 한 "미안하다"란 말 진정으로 들어보긴 진정 오랜만이다

말마다 진정성이 없는 허사였거나 꼼수·속임수였기 때문

헌데 어쩐다, 꼼수·속임수에 길들여진 혀들에겐 방언이어서

모르는 것 같아서

'대통령이어선 안 되는 이유', '대통령 하야'
'책임 안지는 대통령은 필요 없다' 등 왜 이럴까?
국민들이 다 알고 있는 의문? 정작 대통령은 모르는 것 같아서

배를 타가지고선

국민들 입 열었다 하면 정부 질타, 대통령은 장관들 질타
국민들은 대통령 질타
타타타, 비행기나 기차를 타지 선장 없는 배를 타가지고선

전자의 무지를 달랜다

한 달에 풍시조 300편을 썼다면 무지한 놈이다
아는 것이 없는 무지가 아닌, 놀랄 정도로 대단함을 뜻한 무지함이다
나는 그 후자쪽의 무지를 유지로 좇으며 전자의 무지를 달랜다

※ 유지(有志) : 어떤 일에 뜻이 있거나 관심이 있음.

그게?

집권 2년차에 대국민 사과만 네 번이면
사고로 얼룩진 국가경영이었거나 통치였음을 말해줌 아니었겠나
헌데 퇴경정용은 아닐 듯싶고 다른 이유 또 있을 듯싶은데 그게?

※ 퇴경정용(槌經訂聳) : 망치가 가벼우면 못이 도로 솟는다는 뜻으로, 윗사람이 약하면 아랫사람이 말을 듣지 않게 된다는 데 비유한 말.

사과여서

박대통령 배 내밀다 끝내 사과 내밀어
사과의 진가가 빛깔이나 맛보다 영양가가 으뜸인데
진실이란 바이타민이 빠진 빛깔과 맛만 사과여서

보이는 것을

책임 묻겠다, 암 물어야지
헌데 누가? 누구에게? 글쎄?
세 의문부 풀면 스스로가 보이는 것을

당신은?

자만 · 오만 · 거만 · 태만 · 기만의 만자 돌림병
그중 하나면 보통이고, 둘이면 보통 넘고, 셋이면 심하고
넷이면 중증이고, 다섯이면 불치병, 묻노니 당신은?

약이 없어

아는 체, 가진 체, 잘난 체, 젠 체, 고상한 체 체자 돌림병
그중 하나면 다반사, 둘이면 병증, 셋이면 중증, 넷이면 고질병
다섯이면 동의보감에도 약이 없는 왕고질병

없어서지

옛분들 스스로를 돌아보며 거울삼던 일일삼성
헌데 요즘 사람들, 삼성은커녕 아예 무성, 거울이 없어선가?
시간이 없어선가? 아니지, 돌아볼 스스로가 없어서지

못난이 짓이거든

잘난 사람은 잘난 대로 살고 못난 사람은 못난 대로 산다?
헌데, 세상엔 잘난 놈만 있고 못난 놈은 없거든
아니지, 못난놈만 있고 잘난놈은 없지, 잘난 체가 곧 못난이 짓이거든

두 분이나 있어서

혼자로는 못사는 세상, 독불장군은 옛말
G2 봐, 동짜고 살려고 이곳저곳 쑤시고 돌아다니잖아
헌데 한반도엔 유아독존 두 분이나 있어서

자리값 하는 건데

전후 · 좌우 · 상하가 왜 있겠냐? 두루 살피라고 있지
헌데 세상의 눈들 백목된지 오래이니 살필 수가
그렇다쳐도 맨 앞자리분은 전후좌우상하 살펴야 자리값 하는 건데

이러하거든

깽판이나 개판이나 그게 그거
깽깽깽 짖어대면 개판, 개판이니 깽깽깽
세상 시끄러운 이전투구 못 면한 소의가 이러하거든

짐승스러워져 가는 것

웃자란 콧수염 · 턱수염에 손톱 · 발톱까지 속성으로 자라
특별히 보약을 먹은 것도 아니고, 아니니 회춘하는 것도 아니고
따져보니 이유 있었네, 날마다 짐승스러워져 가는 것

13일이었거든

세월호 침몰사고 13일 만에 박대통령 대국민 사과
시기도, 형식 · 내용도 부적절하다고 유족 · 시민사회 · 야당 불수용
시기 · 형식 · 내용만이 아니었어, 날짜도 흉수인 13일이었거든

어찌 아랫물이 맑겠는가

박대통령 '국가개조론'에 경계와 의구심
제시된 청사진에 자신과 자신의 둥지인 청와대 개조는 빠져있거든
나랏님이 빠진 국가개조, 윗물이 맑지 않고 어찌 아랫물이 맑겠는가

바보들 세상이어서

매사, 상식이 통하면 최선은 못돼도 최악은 면한다
상식이하와 상식이상으로 척도 되는 선과 악
상식은 천재라던데 상식을 모르는 바보들 세상이어서

짜야만 꼭 맛이냐

친박·비박·명박, 친한·친안·친노가 뭐냐고?

계파로 본 한국 정치지형도

난 또 뭐라고, 싱겁긴, 짜야만 꼭 맛이냐

실언 같아서

국상 같은 세월호 참사 와중에도 이빨 드러내 물고 뜯는 정치판
한번 물면 끝까지 물고 늘어져야 한다는 진돗개정신이란 말
이를 두고 한 말이었다면 명언인데 되물린 실언 같아서

다행이지

한국 언론자유 평가 68위로 4단계나 하락
상승해야 할 것은 내리고 내려야할 것은 오르고
허면 어떻나, 꼴찌에 면역된지 이미 오래, 꼴지 면했으니 다행이지

세월호

자, 지금 문제가 나갑니다, 진도의 주어는?
진돗개, 진도아리랑, 오케이 100점
헌데 앞으론 하나 더 추가해야 해요, 세월호

어머니

소중한건 언제나 잃은 후에야 깨닫는 법
가신 다음에야 비로소 깨닫는 불효
어머니

못 면할 수도

꽃가루 비염 알레르기만 있는 줄 알았더니, 웬걸
신종 노랑색 정치 알레르기 집권당에 집단 발병
저러다 알레르기 창궐하면 조취모산지배 못 면할 수도

※ 조취모산지배(朝聚暮散之輩) : 아침에 모였다가 저녁에 헤어진다는 뜻에서 이합집산이 무상한 무리를 이름.

잡을 줄도 모르니

어느 고승 "대통령은 대한민국의 선장"이라 했던데
격랑의 파고 苦海에 일고 심해엔 도사리고 있는 암초
거기다 승무원들 삿대 젓기는커녕 잡을 줄도 모르니

외교 아닌 애교를 떨고

양쪽에서 이익을 취하려고 두 쪽에 관계를 가지는 '양다리 외교'
오바마, 아베, 시진핑 등은 세계 달인급, 그들의 양다리에
차이거나 짓밟히지 않으려고 외다리들은 외교 아닌 애교를 떨고

안전처 신설을

정부의 국가안전처 신설 계획 뒤늦은 감 있으나 다행
문제는 연미지액 대처용이 아닌 호모부가의 방재안전용
청와대 지하 벙커와 같은 궁전용이 아닌 국민을 위한 안전처 신설을

※ 연미지액(燃眉之厄) : 뜻하지 않고 갑자기 생긴 재앙.

※ 호모부가(毫毛斧柯) : 수목을 어릴 때 베지 않으면 마침내 도끼를 사용하는 노력이 필요하게 된다는 뜻으로 화는 미세할 때 예방해야 함을 비유한 말.

침묵

잔소리보다는 침묵이, 호통보다는 침묵이 낫다
반대로 잔소리만도 못한 침묵, 호통만큼도 못한 침묵도 있다
지혜의 최상의 응답이 아닌, 말해야 할 때 금설폐구 못면하는 침묵

※ 금설폐구(金舌蔽口) : 금으로 혀를 만들어 입을 가린다는 뜻으로 입을 다물고 말하지 않음을 이름.

당나귀 하품도 있어서

세월호 추모 열기가 피워낸 100만 송이 국화
국화는 말이 없으나 국화가 하는 '미안', '부끄러움', '분노'란 말을 듣는
시민의 귀완 달리 듣지 못하는 당나귀 하품※ 도 있어서

※ 당나귀 하품하다 : 귀머거리를 조롱하는 한국 속담.

척도 되기도 해서

오바마 대통령은 자신의 전매특허품 요술잣대 하날 지니고 다닌다
대일, 대한, 대중을 척도 하는 눈금도 길이도 각기 다른 요술자
헌데 요술쟁이는 스스로의 요술에 스스로가 척도 되기도 해서

침몰시켜 버렸다

자유 · 평등 · 박애는 인본주의의 정신덕목, 신권주의를 넘어선
인격의 존중이 가져다준 인본주의는 다시 생태주의를 선물했다
정신만이 아닌 생명자체를, 헌데 세월호가 이를 침몰시켜 버렸다

궁금해서

검찰의 전매특허품 국면전환용 '물타기수사'란 게 있다
기초연금, 진보당, 혼외자 등은 그 좋은 예로 꼽히는 일종의 꼼수다
세월호 위기탈출용 꼼수도 이미 마련됐다던데 뭘까? 궁금해서

고고자허 즐기시니

'앉아 있다', '보초서다'가 대통령의 어원
맨앞에 앉아 전후좌우, 상하를 먼저 보고 들어 조종하는 사람이란 뜻
헌데 어쩐다 높은 곳에 올라 고고자허만 즐기시니

※ 고고자허(孤高自許) : 자기만 고결하다고 자부함.

주어 뵐 밖에

진도 팽목항의 주어 '이게 과연 나라인가'

아리스토텔레스 왈 나라의 운명은 청년교육에 달렸다던데

자라는 젊은이들 죄다 수장했으니 입 달린 이면 주어 뵐 밖에

신 주어거든

각지마다 그 지역을 대표하는 주어가 있기 마련
진도의 주어는? 진돗개, 진도아리랑, 그것은 구 주어이고
세월호, 팽목항, '이것도 나라냐'가 신 주어거든

세상이어서

요즘 정부개조론이 화두던데 글쎄요?
기구 몇 개 고친다고 될까? 정신 동행 않으면 형식으로 끝날 공산
좇아줄 정신개조도 병행해야 하는데 정신들 놓고사는 세상이어서

3자들 좋아해서

정부개조, 그게 어디 한두 번이었던가
한두 번으로 안 되면 한 번 더 삼세판
3·1운동, 3·8선, 3천리 금수강산, 3천만 동포, 3자들 좋아해서

살아나고

허허, 허자 돌림에 겸허까지 씨가 마른 불모지에
잡초만도 못한 웃자란 고고자허
정작 살아있어야 할 것은 씨가 마르고 말려할 씨는 살아나고

직전이어서

세월호에 이어 돌핀호, 지하철 2호선 탈선까지
바다에서 뭍에서 공중의 무인기 송골매 사고까지
성한 곳이 없는데 국민들 마음까지 사고 직전이어서

투표지였구나

조문행렬의 손마다에 들린 국화꽃에서 가을을 읽는다
가을 맞아 우수수 떨어지는 낙엽을 본다, 그렇구나
한송이 꽃이 말해주는 한잎 낙엽이 한표의 투표지였구나

예고편이었음을

요즘 연발사고가 사고하게 하는 사고
사고의 강에 사공 없이 표류하고 있는 코리아호
미쳐 사고하지 못했었구나, 세월호의 침몰이 그 예고편이었음을

계륵 같은 것이어서

오바마 · 시진핑 · 아베의 잰걸음 나들이
실리외교 챙기려는 보따리장수 행차였구나, 헌데 보따리란 게
챙기지도 버리지도 못하는 계륵 같은 것이어서

당연함 아니겠나

세월호 사건, 인재에서 관재로 인식 이동
인재는 사람의 실수, 관재는 관의 실수란 뜻
인재에 관재 겹친 합작이었으니 창우백출 당연함 아니겠나

※ 창우백출(瘡疣百出) : 헌데가 많이 났다 함이니 잘못과 실수가 무수히 많음을 이름.

함께니까

'함께 울겠습니다', '함께 기다리겠습니다', '함께 분노하겠습니다'

울고, 기다리고, 분노보다 더 가슴에 와닿는 호소력 '함께'

최고·최선의 능률의 형태는 자유민의 자발적 협동인 함께니까

4박자여서

배는 바다에서 뒤집히고, 철마는 육지에서 나자빠지고
송골매는 하늘에서 추락하고, 민심은 가슴에서 분노로 치솟고
우왕좌왕, 갈팡질팡, 오락가락, 뒤죽박죽 죽을사자 4박자여서

사면초가

체면은 벼룩이 낯짝, 마음은 부글부글 끓는 라면
손발은 제각기 따로따로, 정신은 후목분장
사박자냐, 엇박자냐 불협화음 사면초가

※ 후목분장(朽木糞牆) : 다시 수습할 수 없을 만큼 무너진 것을 이름.

땅에 떨어진 민심

민심이 곧 천심이요, 천심이 곧 민심이라 했던가
하늘에 닿는 민심이 곧 천심인데 민심 아닌 오만이 하늘에 닿았으니
하늘의 뜻 거스름이 자초한 좌초, 땅에 떨어진 민심

혈통

'다판다'와 '多而小'는 사촌지간, '뭐든지 판다', '큰것 작은것 다 있다'
혈통이 다른 건 정신・영혼까지도 돈 받고 파는 '다판다'완 달리
'多而小'는 많건 적건 돈 받고 물건만 판다는 사실의 혈통

호통소리 높은데

박대통령 초청에 응한 종교지도자 10분, 이구동성으로 한 말
'참회'와 '반성', 헌데 음회세위나 이박책어인이 어디 쉽던가
말끝마다 "책임 묻겠다" 호통소리 높은데

※ 음회세위(飮灰洗胃) : 재를 마시고 창자 속의 오탁물을 씻어버린다는 뜻으로 악한 마음을 고쳐 선으로 돌아온다는 뜻.

※ 이박책어인(而薄責於人) : 다른 사람을 책함을 가볍게 한다는 논어에 나오는 말.

입방아

한전 KDN 신임감사 선임 놓고 말썽일자 KDN 관계자 왈
경영학 전공에 한국소방산업기술원 상임감사 이력 지녀 문제 무
헌데 세인들 낙하산인사 관피아가 화두인데 입 닫겠냐고 입방아

뿔 달린 게 짐승 아니던가

지금 인터넷 세상은 가축의 왕국이라 했던데
아니야, 지금은 가축 아닌 야성의 짐승들 세상이야, 둘러 봐
머리마다 뿔이 달렸잖아, 핸드폰이란 뿔, 뿔 달린 게 짐승 아니던가

노란리본이 하는 말이 들린다

세상이 온통 가슴마다에 단 노란리본으로 장식됐다
바보상자 TV를 장식했던 메인칼라 레드가 사라졌다
색깔은 모든 말을 한다던데 노란리본이 하는 말이 들린다

결은백성이라 했거니

호령생풍 전에 불심지책의 미덕 지녔으면
꾸짖는 힘보다 더 큰 덕의 힘이 베풀 줄 알아야 군주
옛분들 이를 두고 결은백성이라 했거니

※ 호령생풍(號令生風) : 큰소리로 꾸짖음을 비유한 말.

※ 불심지책(不審之責) : 자세히 살펴 알지 못한데 대한 책임을 짐.

※ 결은백성(結恩百姓) : 백성에게 어진 덕을 베풂.

꿈 깨워서

TV 화면 장식한 여 아나들의 빨강 일색의 赤衣
색깔은 모든 말을 한다던데 레드가 하는 말은?
적의로 翟衣의 꿈 말했으면 싶은데 노란리본이 꿈 깨워서

※ 적의(翟衣) : 옛날 왕후가 붉은 비단에 수를 놓아 입었던 옷.

침묵시켜

일요일이면 듣는 일요일의 남자가 몰고 다닌 인산인해 청중
노래도 시절이 좋아야 격양가가 되는 법
무슨 태평성대라고 골마다 울려 퍼지는 노래 노란리본이 침묵시켜

※ 격양가(擊壤歌) : 태평성대를 구가하는 노래.

오래여서

청 초청 원로 종교인들, 답례로 덕담 한마디씩
덕담 중 덕담 '참회'와 '반성
둘 다 마음이 하는 건데 글쎄요, 마음 닫혀 불통된지 오래여서

몫이어서

문책은 물리적 힘, 자책은 정신적 힘에 의존,
전자는 군주, 후자는 군자, 둘 다 군자는 군자다만
두 힘의 균형은 군자 앞에 성자 붙인 성군의 몫이어서

워낙 커서

세월호 안산 합동분향소에 보내진 박근혜, 이명박
전·현직 대통령 화환 철거 두고 분노의 삿대질이던데, 철거도
삿대질도 둘 다 이해되나 삿대질로 헤치기엔 노란 격랑 워낙 커서

•

박진환 시인은 전남 해남 출신으로 동국대 국문학과를 거쳐 중앙대 대학원을 졸업(문학박사)했다. 1960년 동아일보 신춘문예(詩)·1963년 自由文學(문학평론)으로 문단에 데뷔했고, 국제PEN한국본부 사무국장 및 이사, 한국문협 고문을 역임했다. 제9회 시문학상, 제3회 비평문학상, 펜문학상, 윤동주문학상 등을 수상했고, 한서대학교 교수 및 예술대학원장을 역임했으며 현재 월간『조선문학』발행인 겸 주간으로 있다. 중요 저서로는 시집에『귀로』,『사랑법』,『꽃시집』,『三行詩抄』Ⅰ~Ⅺ『諷詩調』,『박진환시전집』Ⅰ·Ⅱ·Ⅲ·Ⅳ·Ⅴ·Ⅵ·Ⅶ,『物神時代』Ⅰ·Ⅱ·Ⅲ·Ⅳ·Ⅴ,『동굴일지』Ⅰ·Ⅱ·Ⅲ·Ⅳ·Ⅴ,『2012년 8월』에서『2013년 7월』까지,『풍계집·1』에서『풍계집·25』까지 76권의 시집이 있고 평론집으로『한국현대시인론』,『현대시론』,『21C시학과 시법』등 다수와『한국시의 공간구조연구』,『21C 시학』,『시창작론』,『諷詩調詩學』외 다수의 역저가 있다.

•

조선문학시인선 385

諷詩調詩集·49

풍諷계戒집集·16

2014년 8월 20일 인쇄
2014년 8월 30일 발행

지은이 / 박진환
발행인 / 박진환
펴낸곳 / 조선문학사
등록번호 / 1-2733
주소 / 120-853 서울 서대문구 통일로 389(홍제동)
전화 / 02-730-2255
팩스 / 02-723-9373

ISBN 978-89-98115-75-3

정가 10,000원